Der Natur auf der Spur

Drei Freunde?

-Hase, Kaninchen, Fuchs-

Text, Aquarelle
und Gestaltung
Sylvia Brinkmann

TIERE DER GESCHICHTE

Der Hase Jonathan

Das Kaninchen Ben

Der Fuchs

Die Eule

Die Krähe

INHALT

Bibliografische Information der Deutschen Nationalbibliothek
„Die Deutsche Nationalbibliothek verzeichnet diese Publikation in der Deutschen Nationalbibliografie; detaillierte bibliografische Daten sind im Internet über http://dnb.dnb.de abrufbar."

2. Auflage 2022

Printed in Germany

ISBN 978-3-00-047665-5

www.sylvia-brinkmann.de

Ein neues Leben beginnt

Die Kaninchenfrau fühlt sich beobachtet. Zittern ihre Pfoten? Ängstlich schaut sie nach allen Seiten, dann dreht sie sich vorsichtig um. Sie ist bereit zu fliehen.

Auf einmal sieht sie in das lachende Gesicht ihres Kaninchenmannes. „Wie siehst du denn aus?“, fragt er fröhlich. „Nicht nur deine Pfoten und Hinterläufe sind ganz schmutzig vom Graben, sondern auch deine Nase. Was hast du denn vor? Was machst du?“

„Ich lege eine Wochenstube (X) für unsere Kinder an. Nach der Geburt werden sie dort vier Wochen lang bleiben und ganz geschützt heranwachsen.“

 (X) Wochenstube=Setzröhre

Am nächsten Tag ist es so weit. Die Kaninchenbabys werden geboren. Behutsam legt die junge Mutter eines nach dem anderen in die vorbereitete Wochenstube. Diese hat sie zuvor mit Haar und Gras ausgepolstert.

„Schön, dass ihr da seid!“, ruft die Mutter und nennt jedes Kaninchenbaby gleich bei seinem Namen, „Leni, Emma, Lotte, Oskar und Ben.“ Es ist fünf Uhr nachmittags, taghell noch.

„Sie sind ja ganz nackt und blind!“, ruft der Kaninchenvater erstaunt.

„Warte es ab. Nach einigen Tagen werden sie die Augen öffnen. Jetzt aber sei vorsichtig, lass die Kleinen schlafen und störe sie nicht“, mahnt die besorgte Mutter. Doch der junge Vater zählt leise seine Kinder: „Eins, zwei, drei, vier, fünf. Drei Mädchen und zwei Jungen."

„Was machst du denn schon wieder?", schmunzelt die Kaninchenmutter belustigt, als sie den Vater zählen hört.

Zehn Tage später schleicht der Vater auf Zehenspitzen in die Kinderstube und stellt überrascht und erfreut fest, dass die jungen Kaninchen die Augen geöffnet haben. Sie schauen ihn neugierig an.

„Wie gefallen sie dir? Sehen sie nicht hübsch aus?", fragt die stolze Mutter. Sie ist gerade zurückgekommen, um die Kaninchenbabys zu säugen, wie sie es immer macht, zweimal am Tag, morgens und abends.

Der Waldboden ist weich. So kann die

Mutter nach ihrem Besuch die Wochenstube wieder problemlos mit Gras, Blättern und Erde sicher verschließen. Es riecht nach Harz und Tannennadeln.

Die Eltern ziehen sich nun in ihren eigenen großen unterirdischen Bau zurück, den sie mit vielen Verwandten teilen. Sie wissen aber, dass die kleinen Kaninchen, je älter sie werden, es immer langweiliger finden, in der engen Kinderstube zu bleiben.

„Wann dürfen wir endlich nach draußen?“, fragen die Kleinen ungeduldig.

„Ich möchte gerne den Himmel und die Sterne sehen, von denen ihr erzählt habt“, sagt Ben vorlaut.

„Und wir möchten den ganzen Tag im Freien herumtoben“, rufen sein Bruder und seine Schwestern fordernd.

Die Mutter seufzt: „Muss das unbedingt jetzt schon sein? Ihr seid doch erst drei Wochen alt.“

Aber die Kleinen drängen immer wieder und sie sagt: „Ja, warum eigentlich nicht! Passt auf und seid vorsichtig, damit euch nichts passiert.“ Danach öffnet sie die Wochenstube.

„Irgendwann ist es soweit, dann sind die Kinder groß“, meint der Vater.

Plötzlich bleiben die Kanincheneltern unvermittelt stehen. „Hast du das gesehen?“, ruft der Vater begeistert.

„Man glaubt es kaum. Sie hoppeln gleich wie die Großen“, erwidert die Mutter lachend.

Ein Zuhause zum Verlaufen

Eines Morgens, die Kleinen sind gerade vier Wochen alt, fragt der Vater: „Seid ihr fertig, Kinder? Heute dürft ihr in unseren großen Gemeinschaftsbau einziehen. Wir sollten uns auf den Weg machen. Ihr kennt ja noch gar nicht euer neues unterirdisches Zuhause.

Die sandige, lockere Erde ermöglicht es, dass die Gänge unseres Baus bis in eine Tiefe von 3 Meter hinunterführen. Alle Gänge sind miteinander verbunden. Sie können zusammen bis zu 45 Meter lang sein. So könnt ihr euch leicht verlaufen. Aber keine Angst, wir sind alle eine große Familie. Es wird immer ein Kaninchen da sein, welches euch hilft und euch beschützt."

Der Vater blickt sich um und fragt: „Seid ihr neugierig geworden? Dann kommt mit!" Und er führt seine Kinder kreuz und quer durch den großen Kaninchenbau, der aus einem Labyrinth (X) von Gängen besteht. Der Vater zeigt ihnen die vielen Ein- und Ausgänge. Auch die Fluchtgänge, die versteckt von außen senkrecht in die Höhle führen. Die Kleinen entdecken, dass die Gänge an manchen Stellen ganz eng und niedrig sind. An anderen Stellen sind sie hoch und hell, da durch eine Öffnung Licht hereinfällt. Leni, Lotte, Emma, Oskar und Ben sind so neugierig, dass sie ihre Nasen in alle Winkel hineinstecken müssen. Sie schauen

(X) Labyrinth = verschlungenes Wegesystem

überall in die Gänge.

Jedem Kaninchen, das sie treffen, sagen sie „Hallo“. Sie wollen sich die Namen ihrer Onkel und Tanten merken. Doch es gelingt ihnen nicht, denn es sind zu viele.

Müde kehren sie zu ihrer Mutter zurück. Ein aufregender Tag geht zu Ende. Vor dem Schlafengehen erzählen sie sich noch Geschichten. Vereinzelt hören sie das beruhigende Schnarchen ihrer Mitbewohner. Ben fallen fast die Augen zu, so müde ist er. Ausgestreckt legt er sich wie die anderen schlafen.

Es wird gerade hell draußen. Ben wird unsanft geweckt: „Los, los, steh auf und beeile dich!“

Der zweite Tag beginnt mit einer

Lehrstunde. Ihre Mutter zeigt ihnen beim Thema Pflanzenkunde, was alles auf dem Speiseplan stehen kann.

Es sind Pflanzen wie Gräser und Kräuter, Blätter, Rinde und gelegentlich Zweige. Trinken müssen die Kaninchen nicht. Beim Fressen der Pflanzen nehmen sie genug Flüssigkeit auf.

„Ich will Kräuter, ganz viele Kräuter!", ruft Oskar. Seine Schwester Leni ist auch ganz aufgeregt, als sie von all den Köstlichkeiten hört. Danach ist die Lehrstunde zu Ende.

Am nächsten Morgen reckt und streckt sich Ben. Als er sich die Augen reibt, weiß er sofort wieder, wo er sich befindet. Auf einmal hört er einen schrillen Pfeifton. Was hat das zu bedeuten? Verängstigt hoppelt er zu seinen Eltern. Dort angekommen, sieht er in die schreckensbleichen Gesichter seiner Geschwister. Aber da kommt schon ihr Onkel, das graue Kaninchen, zu ihnen und lacht.

„Dies ist die zweite Lektion, die ihr für euer weiteres Leben lernt. Bei Gefahr pfeifen Kaninchen laut, um die anderen zu warnen. Das heißt, ihr müsst schnell in Deckung gehen“, erklärt er ihnen eindringlich. Als sich die Kaninchenkinder wieder beruhigt haben, atmen sie entspannt auf.

„Wie kommst du nur auf diese verrückte Idee, die Kleinen so zu erschrecken?“, fragt die Kaninchenmutter ihren Bruder. „Nimm es mir nicht übel, aber Vorsicht ist das oberste Gebot, welches immer von jedem Kaninchen eingehalten werden sollte“, antwortet er ernst. Neugierig umringen die Kaninchen ihren Onkel. Und schon spricht dieser von der dritten Lektion.

Stirnrunzelnd hört die Mutter zu. Sicherlich wird alles gut gehen, ihr Bruder wird schon alles richtig machen.

„Kommt mit mir ins Freie. Ich will euch zeigen, wie man sich sonst noch gegenseitig vor einer Gefahr warnt.

Das könnt ihr mit euren Hinterläufen tun. Bei Gefahr klopft oder trommelt ihr so heftig mit den Hinterläufen auf den Boden, dass es weithin zu hören ist. Das warnt alle Kaninchen, die sorglos spielen oder Nahrung suchen, vor der drohenden Gefahr. Haltet immer die Augen offen, dann werdet ihr nicht vom schlauen Fuchs, dem flinken Marder, der lautlosen Eule mit den großen Augen oder der pechschwarzen Krähe überrascht und gefressen.“

Doch Leni hört wieder einmal nicht zu und macht sich lieber einen Spaß daraus, ihren Bruder Oskar zu ärgern. „Genug jetzt!“, zischt der Onkel. „Hörst du mich?“ Leni merkt sofort, dass ihr Onkel furchtbar böse wird. Das Thema ist zu ernst. Es geht ums Überleben. Da darf sie es ihrem Onkel nicht übel nehmen, mit ihr zu schimpfen.

Kaninchenkinder auf Abwegen

Ben und Oskar sind sich einig. Sie wollen den Fuchs, von dem sie so vieles gehört haben, unbedingt sehen. Es beruhigt beide, als sie hören, dass der Fuchs seinen unmittelbaren Nachbarn, auch wenn sie Kaninchen sind, nichts antun würde. Schnell fassen sie den Entschluss, dass sie es wagen wollen: „Also heute Abend, wenn es dämmerig wird, gehen wir los."

Als sie abends aus dem Bau herauskommen, fährt heulend der Wind durch den Wald. Er wirbelt lose Äste und Blätter hoch. Die Brüder huschen in die Dunkelheit. Nach kurzer Zeit bleiben sie jedoch stehen. Aufmerksam lauschen sie in jede Richtung. „Was kann alles passieren?“, überlegt Ben fieberhaft. „Worauf müssen wir achten?“ Sein Herz klopft laut. Am liebsten würde er wieder zurücklaufen.

Aus den Augenwinkeln sieht er, wie sein Bruder Oskar unerschrocken durch das Gebüsch hoppelt. Plötzlich stockt Ben der Atem. Er sieht den Fuchs: groß und stark, vierbeinig mit einem langen buschigen Schwanz und einer furchterregenden spitzen Schnauze. Der Rotfuchs mit seinem rotbraunen Fell hat ihn und Oskar noch nicht bemerkt.

Ben bleibt regungslos stehen und Oskar sitzt ganz zusammengeduckt da. Es dauert nicht lange, dann gelingt es ihnen unbemerkt davonzuschleichen.

Ängstlich ziehen sie es vor, hastig das Weite zu suchen.

Zu Hause angekommen, hoppeln sie vorsichtig und leise zu ihren Geschwistern. Stillschweigend legen sie sich neben sie und fallen vor Erschöpfung sofort in einen traumlosen Schlaf.

Am nächsten Tag erinnert sich Ben wieder an das Ereignis in der Nacht. Er beugt sich zu seinem Bruder und fragt ihn unvermittelt: „Was machen wir später?“ Oskar überlegt, dann antwortet er: „Lass uns heute in der Dämmerung die Gegend weiter erkunden!“

Die beiden sind wieder einmal einer Meinung. Sie machen eine verschwörerische Miene. Bis zum Abend wollen sie sich noch ein wenig die Zeit vertreiben. Keiner soll etwas merken. Und so liegen sie in der Sonne oder spielen mit ihren Geschwistern.

Als die Sonne abends untergeht, flüstert Ben: „Was ist jetzt? Kann es losgehen?“

„Alles klar“, erwidert Oskar.

Auf einmal sehen sie, wie sich die Zweige der Büsche bewegen, die den Kaninchenbau umgeben.

„Achtung! Da kommen sie.“

Es sind ihre Onkel und Tanten, die aus den Büschen hervorkriechen. Sie waren auf dem Feld und haben Kohl, Getreide und Mais gefressen. Jetzt wollen auch Ben und Oskar zu den Feldern, die jedoch weit entfernt liegen. Dies ist der Grund, warum ihre Eltern ihnen verboten haben, dorthin zu laufen. Die Kinder sollen erst einmal mit dem Klee, dem Gras, den Kräutern und den Lupinen in der Nähe zufrieden sein.

„Nur wenn wir es schlau anfangen, wird keiner merken, dass wir heimlich dort waren“, denkt Ben.

Schon wollen sie kurzentschlossen loshoppeln, als Ben das Gefühl hat, es sei jemand in der Nähe. Und tatsächlich! Er täuscht sich nicht. Es ist Leni, seine Schwester. Sie möchte auch mit ihren Brüdern die Umgebung erkunden. Als Ben sie entdeckt, schaut sie ihn bittend an. „Nehmt ihr mich mit?“

„Wirklich?“, fragt Ben zurück, denn er glaubt nicht recht zu hören. Er winkt Leni ganz nah heran und sagt leise:

„Dann komm mit!“

„Was wollt ihr denn machen?“ Als sie es erfährt, erschrickt Leni. „Das dürfen wir nicht.“

„Wir lassen uns nicht erwischen!“, erwidert Oskar.

Die drei haben kein Problem, die Felder zu finden. Die Spuren ihrer Artgenossen sind nicht zu übersehen. Leni, Ben und Oskar werden immer schneller. Die Feldfrüchte locken. Aber sie sind dort nicht allein. Unzählige Kaninchen sitzen in der Dämmerung verstreut auf den Feldern und lassen es sich gut schmecken.

Der gefährliche Heimweg

Tatsächlich sind der Kohl, die Kartoffeln und die Rüben einfach so lecker, dass die Geschwister alles um sich herum vergessen. Erst mitten in der Nacht geht es wieder nach Hause. Sie sind guter Dinge und bemerken die nahende Gefahr nicht.

Dass etwas geschehen wird, begreift Ben erst in dem Augenblick, als er das Gekrächze der Krähen hört. Vor Schreck läuft es ihm kalt über den Rücken.

„Oh nein!“, flüstert Leni heiser. Von allen Seiten kommen die schwarzen Vögel herbeigeflattert und umkreisen sie. „Passt auf!“, ruft Ben. „Jetzt passiert etwas.“

In diesem Moment hackt eine Krähe im vorbeifliegen mit ihrem kräftigen Schnabel nach Oskar. Es ist fürchterlich.

„Gleich ist es aus mit mir“, hat Oskar Angst. Im letzten Augenblick kann er dem Vogel ausweichen. Er rennt im Zick-Zack-Kurs weiter. Trotzdem erwischt ihn die kluge Krähe noch kurz mit ihren Krallen. Bevor sie richtig zugreifen kann, wird sie durch Lenis lauten Pfeifton abgelenkt.

Oskar ist ganz benommen. In seiner Todesangst flüchtet er zu Ben, der ein Kaninchenloch entdeckt hat. Mit seinem Bruder klettert er, so schnell er kann, über Steine und Zweige in den fremden Bau. Es ist die Rettung in letzter Sekunde!

„Oskar, bist du verletzt?“, ruft Leni besorgt, als sie ihren Bruder wieder sieht. Oskar sieht wirklich etwas gerupft aus und blutet auch ein wenig. Aber er hatte Glück im Unglück.

„Wir müssen auf dem schnellsten Weg nach Hause! Dort können wir deine Wunden versorgen“, meint Leni.

Die Krähen scheinen weitergeflogen zu sein, aber welche Gefahr kann noch auf sie lauern? Nun fallen ihnen wieder alle Warnungen ihres Onkels ein. Die Geschwister denken an die gefährliche Eule, die ihre Beute mit den scharfen Krallen packt. Die Eule kann aus großer Höhe sehr schwache Geräusche wahrnehmen, sodass sie sogar das leise Rascheln einer Maus hört.

Wie sollen Leni, Oskar und Ben nun unbemerkt nach Hause kommen? Was können sie zu ihrem Schutz tun?

Wieder einmal ist es Ben, der Ausschau hält. Er ist am mutigsten von ihnen. Wie alle Kaninchen kann er genau und scharf sehen. Dadurch, dass seine Augen seitlich liegen, hat er einen Rundumblick. Dieser eignet sich besonders gut, den Luftraum zu überwachen. Aber Ben kann nichts Verdächtiges entdecken.

Leise ermuntert er seine Geschwister, vorsichtig weiter zu hoppeln. „Wisst ihr was? Ich denke wir nutzen den Schutz der Büsche“, schlägt er vor. Dann geht Ben voran und bahnt sich einen Weg durch das Gebüsch.

Leni und Oskar folgen ihm zögernd bis in ihren Kaninchenbau. Dort angekommen, erblickt die Kaninchenmutter Oskar und ist fassungslos. Sie beruhigt sich erst, als sie feststellt, dass ihr Sohn nur ein paar Kratzer davongetragen hat.

„Zum Glück bist du ja noch einmal glimpflich davongekommen. Die Sache hätte auch schiefgehen können. Zur Strafe bleibt ihr zwei Wochen lang hier in unserem Erdbau."

Das Leben im Gemeinschaftsbau wäre bestimmt langweiliger geworden, wenn draußen die Sonne geschienen hätte. Doch bei diesem schlechten Wetter stört es die drei Geschwister nicht, dass sie zu Hause bleiben müssen. Trotzdem warten sie Tag für Tag, zwei ganze

Wochen lang, dass sie wieder nach draußen dürfen.

Unser Nachbar, der Fuchs

In der nächsten Zeit wird der kleine Ben immer öfter und immer heftiger von dem Wunsch geplagt, sich draußen die Welt anzusehen. „Ich glaube nicht, dass mir viel passieren kann“, denkt er. „Was soll mir schon geschehen?“

Von nun an ist Ben beinahe jeden Tag unterwegs, um den Rotfuchs zu beobachten. Er versteckt sich dann immer hinter einer dichten Hecke, um vom Fuchs nicht gesehen zu werden. Das Kaninchen staunt, dass der Fuchs alles frisst und nach allem schnappt, was er leicht erwischen kann. Verblüfft sieht er, wie das Tier im Sonnenschein liegt und genüsslich Früchte wie Himbeeren,

Blaubeeren, Pflaumen, Trauben und Äpfel verspeist. Kommt zufällig ein Käfer, eine Raupe oder eine Schnecke vorbei, so greift der Fuchs auch danach. Ben kann kaum glauben, was er dort sieht. Der Fuchs scheint nicht so gefährlich zu sein.

In den nächsten Tagen macht er jedoch eine andere, erschreckende Beobachtung. Er traut seinen Augen nicht. Jetzt ist es unübersehbar, auch Feldmäuse, Kaninchen und Feldhasen stehen auf dem Speiseplan des Fuchses. Bens Nackenhaare sträuben sich. Der Fuchs ist also doch ein Raubtier! Genau das hat auch sein Onkel, das graue Kaninchen, behauptet.

„Hoffentlich sieht mich der Rotfuchs

nicht", denkt er besorgt. Ben schleicht sich vorsichtig davon.

Es vergehen Wochen, ohne dass etwas Besonderes geschieht. Aber an einem Nachmittag kommt Emma atemlos angerannt. „Der Fuchs ist wieder da!", ruft sie. Kein Wunder, dass sie den Fuchs und die Füchsin (X) lange nicht mehr gesehen haben. Die Füchsin hat in ihrem Bau eine Kinderstube eingerichtet. Damit es darin warm und weich ist, hat sie diese mit ihrer Bauchwolle ausgepolstert. Danach sind die vier, oder waren es sechs Jungfüchse, blind und taub geboren worden. Erst nach vierzehn Tagen öffnen sie die Augen.

In dieser aufregenden Zeit schleppt der Fuchsvater alles heran, was er

(X) Füchsin = Fähe

erwischen kann. Die Mäuse bleiben aber die Hauptspeise.

Die Jungen der Fuchsfamilie sind immer hungrig. „Wow, wow, wow!“, rufen sie. Die Mäuse reichen ihnen nicht mehr. Der Vater wird mit der Versorgung seiner großen Familie in Atem gehalten. Aber er hat einen Plan, wie er mehr Nahrung für seine Familie auftreiben kann. Wieder geht ein Tag langsam zur Neige.

„Aufgepasst, Oskar! Der Fuchs!“

Ben sieht wie das Raubtier sich in der Nacht davonschleicht. Was hat er vor? Obwohl dem kleinen Kaninchen angst und bange ist, wartet es die Antwort von Oskar gar nicht ab und schleicht dem Fuchs hinterher.

Um Ben herum ist alles still. Nur der Wind bewegt irgendwo einen Zweig. Unbemerkt ist er dem Fuchs näher-gekommen. Aber was ist das? Einen Bauernhof kennt Ben nicht. Er spitzt seine Ohren und lauscht. „Haben da nicht gerade Hühner gegackert?“, denkt er. Ben dreht sich vorsichtig um. Dann lässt er den Fuchs nicht mehr aus den Augen. Erschrocken sieht er, wie der Fuchs blitzschnell ein Huhn ergreift. Da nützt kein Gackern, das Huhn wird mitgeschleppt.

Das hat Ben nicht erwartet. „Und jetzt nichts wie weg!“, denkt er und hoppelt so schnell er kann zurück ins sichere, gemütliche Zuhause.

„Was hältst du davon, wie sich der

Fuchs verhalten hat?“, fragt er ganz aufgeregt seinen Onkel. „Ich habe dir nur erzählt, was ich mit eigenen Augen gesehen habe.“ Doch er verschweigt, dass er dem Fuchs gefolgt ist.

„Ich rate dir“, antwortet sein Onkel, „nicht noch einmal in die Nähe des Fuchses zu kommen. Wie du weißt, mag er auch Kaninchen zum Fressen gern. Aber er stiehlt auch Enten, und wenn das nicht klappt, überfällt er Junghasen und Rehkitze. Er ist sehr schlau und weiß, mit größeren Tieren bekommt er seine Familie schneller satt.“

Nach vier Wochen sitzen Ben, Oskar, Leni, Emma und Lotte wieder in ihrem Versteck und halten Ausschau nach ihrem Nachbarn, den Fuchs.

Erstaunt reißen sie die Augen auf, als sie plötzlich die Jungfüchse entdecken, die draußen in der Sonne spielen. Die balgen und jagen sich, bis sie nicht mehr japsen können.

Die Füchse leben mit ihrer Familie in einem alten Dachsbau. Der Bau ist bequem und sicher. Er hat fünf oder mehr Ausgänge, damit sie jederzeit bei Gefahr fliehen können. Nun sind die jungen Füchse jedoch groß genug, um den Fuchsbau für immer zu verlassen.

Ein schreckliches Erlebnis

Seit ein paar Tagen regnet es ununterbrochen. Zum Zeitvertreib spielen die jungen Kaninchen in den unterirdischen Gängen Fangen. Aber Ben verliert mit der Zeit allen Spaß daran. Es ist ihm langweilig und er erklärt missmutig, dass er jetzt nach draußen gehen wird.

„Na schön, wenn du willst!“, sagt die Mutter. „Aber auch wenn der Regen aufhört, bleibt es weiter bitterkalt.“

„Ich komme vor dem Dunkelwerden wieder nach Hause. Will einer von euch mitkommen?“, flüstert Ben seinen Geschwistern komplizenhaft zu.

„Was machst du denn da?“, fragen sie wie aus einem Munde. „Woher soll ich das jetzt schon wissen?“, antwortet Ben und verzieht das Gesicht. „Lasst mich mal! Mir wird schon etwas einfallen.“

„Bleib doch hier bei uns und sei kein Spielverderber.“

„Warum?“, ruft Ben verwundert.

„Wir haben Angst um dich, wenn du draußen bist, so ganz allein. Pass auf, dass dir nichts passiert“, rufen seine besorgten Schwestern und sein Bruder, die im Bau bleiben wollen.

Ben schaut vorsichtig aus dem Kaninchenbau. Wachsam späht er nach allen Seiten. Nach einer Weile wiegt er sich in Sicherheit und wird neugierig. Gerne würde er am liebsten auf eigene Faust durch die Umgebung streifen. Ja, genau das will er tun.

Das kleine Kaninchen ahnt nicht, dass ihm an diesem Tag etwas zustoßen wird. „Was soll schon geschehen?“, meint Ben. Es ist taghell und er macht sich auf den Weg.

Und der Zufall will es, dass er dem Fuchs begegnet. Ben bekommt einen riesigen Schreck. Er will schleunigst Reißaus nehmen. Doch er sieht auch, dass ihn der Fuchs gar nicht bemerkt hat und noch völlig ahnungslos ist. Jedes Mal, wenn dieser sich umdreht, zieht Ben den Kopf ein, um nicht entdeckt zu werden.

Das kleine Kaninchen ist erstaunt: „Nanu! Was ist denn mit dem Fuchs los? Mir scheint, der bemerkt heute nicht einmal die Mäuse in seiner Nähe.“ Aber auf einmal packt ihn das Entsetzen. Er hat sich getäuscht. Der Rotfuchs hat sehr wohl die Mäuse entdeckt. Er belauert sie sprungbereit. Ängstlich wagt sich Ben in seinem Versteck weder zu bewegen noch zu atmen.

Plötzlich stößt sich der Fuchs blitzschnell mit seinen Hinterbeinen ab und macht einen Luftsprung. Ben ist wie versteinert und reißt entsetzt die Augen auf.

„Nein, nein!“, bricht es wie ein leiser Schrei aus ihm heraus. Das Kaninchen duckt sich tief. Dann macht es einen großen Satz aus dem Gebüsch und flieht so schnell es kann. Ben will weg, nur weg.

Inzwischen landet der Rotfuchs mit seinen Vorderpfoten zielsicher auf einer Maus. Er ist so angespannt, dass er das kleine Kaninchen gar nicht bemerkt hat.

Ben ist überzeugt, dass ihn gleich der Fuchs verfolgen und bedrohen wird. In seiner Angst nimmt er den falschen Weg. Spät merkt er voller Entsetzen, dass er auch zu weit gelaufen ist.

„Wie kann ich dem Raubtier nur entgehen?“, denkt er. „Ich kehre nicht wieder um! Das ist mir zu gefährlich.“

Für einen Augenblick bleibt er stehen, er ist außer Atem. Das kleine Kaninchen denkt an seine Familie und wird traurig. Keiner weiß, wo er sich befindet und in welcher Notlage er ist. Am liebsten würde er um Hilfe rufen.

„Wo bin ich nur?“, fragt er sich klein-laut.

Wieder wird es schlechtes Wetter und der Regen prasselt auf ihn herab. Es ist alles so trostlos. Um ihn herum ist der Boden mit Pfützen übersät. Ben muss sich entscheiden. Er weiß, dass der Fuchs ihn nicht entdecken darf. „Das Kornfeld auf der anderen Seite des Weges ist ein gutes Versteck, dort wird mich niemand finden.“

Ganz vorsichtig und mit nur wenigen Sprüngen ist er im Getreidefeld. Er sitzt zwischen den Getreidehalmen und lauscht aufmerksam, ob der Fuchs ihn nicht doch noch verfolgt. Ben fühlt sich einsam und allein.

Der Regen hat nachgelassen und ein

kalter Wind ist aufgekommen. Ben fröstelt und wird müde. Nach kurzer Zeit schläft er tief und fest.

Ein Retter in höchster Not

Im Laufe der Nacht ändert sich das Wetter und schon früh am Morgen scheint die Sonne. Ben schläft immer noch. Aber irgendwann wacht er mit dem Gefühl auf, dass etwas nicht stimmt. Dann hört er laute Geräusche, die er sich nicht erklären kann. Es ist ein großer Mähdrescher, der direkt auf ihn zufährt. Der Schreck sitzt tief und Ben muss flüchten. Der Mähdrescher kommt immer näher und näher.

Es gibt nur eine Möglichkeit, dem Ungetüm zu entkommen, und er rennt los. Im Zick-Zack-Kurs flieht er über das Feld. Immer darauf gefasst, dass ihn das große Ungeheuer jeden Augenblick

überrollen kann.

„Was soll ich bloß tun?“, überlegt Ben. „Je schneller ich vom Feld laufe, umso besser.“ Bald weiß er nicht mehr, ob er nach rechts, nach links oder geradeaus laufen soll. Ihm wird ganz schwindelig vor Angst, aber er springt voller Hoffnung weiter. Allmählich geht ihm die Puste aus. Verzweifelt schnappt er nach Luft. Ben nimmt seine ganze Kraft zusammen und läuft so schnell wie er noch nie in seinem Leben gelaufen ist. Vor Schwäche stolpert er über Stängel und Wurzeln. Es ist zum Verzweifeln. Noch immer hört er das laute Geräusch des herannahenden Mähdreschers.

Unverhofft und grob packt ihn

jemand an seinen rechten Vorderlauf und er wird energisch zur Seite gezogen. Ben wird ganz starr vor Schreck, darauf ist er nicht gefasst. Widerstandlos lässt er sich mitziehen. Alles tut ihm weh. Es ist, als ob sein Vorderlauf herausgerissen würde. Aber weiter geht es in einer Schnelligkeit, die Ben keine Zeit lässt, darüber nachzudenken. Er begreift nur, dass er noch am Leben ist. Es war die Rettung aus höchster Not. Ermattet liegt er jetzt im Gras.

Wer hat ihm geholfen, dass er nicht unter den Mähdrescher geriet? Vorsichtig blinzelt Ben zu seinem Retter herüber, der neben ihm sitzt. Groß ist er und hat viel Ähnlichkeit mit seiner Kaninchenfamilie. Ja, er ist sogar viel größer als das Kaninchen, hat längere Ohren und auch längere, kräftigere Hinterbeine. Es ist ein Hase und hat ein braunrotes Fell. Seine Miene drückt Erleichterung aus.

Ben aber rührt sich nicht. Er ist erschöpft. „Kein Zweifel“, denkt er, „ich habe Glück gehabt. Aber was wird als nächstes geschehen?“ Ihm sitzt die Panik noch im Nacken. Mit den Pfoten fährt er sich über die Augen. Erst jetzt hat er den Mut, sich den Hasen genauer anzuschauen.

„Moment mal! Den kenn ich doch. Ist das nicht einer der Hasen, von dem meine Mutter erzählt hat? Hasen, die ganz alleine ohne Bau oder Nest immer draußen leben. Im Sommer wie auch

im Winter, egal ob es regnet, schneit oder die Sonne scheint", überlegt er. Der große Hase flößt ihm Respekt ein.

„Danke! Danke, dass du mich gerettet hast", sagt Ben schüchtern mit leiser Stimme.

„Na, ja. Ich konnte doch nicht einfach zusehen, wie du ins Verderben rennst. Ich heiße Jonathan. Ich habe dich schon gestern Abend beobachtet, als ich in meiner Sasse lag."

„Sasse?", fragt das kleine Kaninchen. „Ja, Sasse. So nennt man auf freiem Feld die Bodenmulde, in der ich mich vorübergehend schlafen lege. Bei Gefahr drücke ich mich tief in die Mulde hinein, damit mich meine Feinde nicht sehen. Auch meine Tarnfarbe hilft mir dabei. Da staunst du, was? 

Ich liebe die Freiheit und errichte mir keinen künstlichen Schutz wie einen Erdbau oder ein Nest. Das schränkt nur ein und macht abhängig.

Bei uns legen die Hasenmütter ihre Babys einfach nur an eine trockene und sichere Stelle, das reicht. Schützende Büsche und ihre Tarnfarbe helfen den Kleinen, nicht entdeckt zu werden."

„Kommt die Mutter nicht wieder? Passt denn da überhaupt jemand auf die Hasenbabys auf?"

„Natürlich! Fast zwei bis drei Wochen lang kommt die Hasenmutter täglich zu ihren Kleinen. Bleibt aber nur kurz, um sie zu säugen, dann verschwindet sie wieder.

Nach dieser Zeit beginnen die kleinen Hasen selbst, Grünpflanzen wie Klee, Löwenzahn und Gräser zu fressen (X). Aber sie lieben ebenso Knospen, Pilze, Beeren, Wurzeln und Eicheln.

Die Kleinen fühlen sich auch ohne Bau oder Nest wohl. Ich glaube es liegt daran, dass wir Hasen schon bei der Geburt ein wärmendes Fell haben, sofort sehen und uns selbstständig umherbewegen können. Jetzt weißt du, dass wir schon früh unabhängig und keineswegs hilflos sind.“

(X) fressen = äsen

Eine ungewöhnliche Freundschaft

Der Tag ist sonnig und warm. Es ist Mittagszeit, unter den Bäumen liegt Schatten. Von Weitem hören sie noch das Tuckern des Mähdreschers.

„Lass uns von hier verschwinden“, sagt der Hase.

„Aber, aber! Die Gefahr ist doch vorbei“, stellt Ben fest.

Da schüttelt der Hase Jonathan den Kopf und sagt: „Wir hatten Glück – das Ungeheuer kommt bestimmt wieder!“ Seine Blicke tasten die Umgebung ab. Er lässt sich Zeit. Plötzlich hört er ein leises Geräusch, das jedoch aus dem Wald kommt. Der große Hase zuckt zurück. Dann ruft er laut: „In Deckung!

Ein Fuchs!“

Ben schaut verdutzt. „An den habe ich überhaupt nicht mehr gedacht. Um Himmels willen, nicht der schon wieder!“ Er schielt zu seinem neuen Freund, ohne den Kopf zu drehen.

„Jetzt!“, flüstert der Hase und gibt Ben ein Zeichen. Im nächsten Moment springt er auf und verschwindet mit wenigen Sätzen in den Büschen. Das kleine Kaninchen sieht nur noch den Schwanz (X) des Hasen, dann ist dieser verschwunden.

Ben hält den Atem an. Seine Knie zittern. Sekundenlang ist er unfähig, sich zu rühren. Dann nimmt er seinen ganzen Mut zusammen, macht einen großen Sprung und folgt dem Hasen. Es

(X) Schwanz = Blume

geht durch die Büsche und über die Felder. Der Hase kann sein hohes Tempo lange durchhalten, doch das Kaninchen ist schnell müde. Es ist ein Kurzstreckenläufer und kein Langläufer wie sein Freund der Hase.

„Warte, ich kann nicht mehr!“, ruft Ben außer Atem. „Du bist zu schnell für mich.“

Wenige Augenblicke später hält Jonathan an. Der Weg gabelt sich. Die Sonne brennt ihnen warm auf den Rücken. Für einen Moment weiß auch der Hase nicht weiter. „Nun, wo geht es denn lang?“, fragt Jonathan.

Ben macht bei einer Buche halt, dreht sich um und sagt ratlos: „Ich weiß wirklich nicht mehr, über welchen Weg

ich damals hierhergekommen bin und wo wir uns jetzt befinden. Ich kann mich nicht mehr erinnern."

„Wie bitte?", Hase Jonathan macht schmale Augen. „Das darf doch nicht wahr sein! Aber ich habe eine Idee. Hast du nicht gesagt, dass der Fuchs in eurer direkten Nachbarschaft wohnt? Vielleicht finden wir deine Familie, wenn wir herausbekommen, wo der Fuchs seinen Bau hat."

Sie wollen den Fuchs suchen und ihm heimlich folgen. Ein gefährlicher Plan, doch was bleibt ihnen übrig. Sie müssen das Risiko eingehen.

„Ich erinnere mich noch ganz genau, wo ich dich zum ersten Mal gesehen habe", sagt der Hase und grinst. „Wir müssen dorthin zurück, um die Spur des Fuchses zu finden."

Unbekümmert fressen sie in aller Ruhe Pflanzen und Wurzeln. Wer weiß, wann sie wieder äsen (X) können.

(X) äsen = fressen

Endlich wieder zu Hause

Ben ist froh, seinen Freund Jonathan an seiner Seite zu haben. Allein wäre er doch hilflos. Trotzdem möchte er so schnell wie möglich zurück zu seinen Eltern. „Lass uns gehen“, bittet er.

Rasch wird es dunkel. Die Felder links und rechts der Wege schimmern trostlos und grau. Wie schwarze Gestalten stehen die Sträucher und Bäume in der Dunkelheit. Die Zweige wirken gespenstisch. Aber das ist natürlich nur Einbildung. Der Wind heult und pfeift. Ben rinnt es schaurig über den Rücken. „Mir ist alles unheimlich“, flüstert er. Doch Jonathan meint leise: „Keine Angst, Ben!“

Viele Tiere sind in der Dämmerung und nachts unterwegs. Genau wie der Hase, das Kaninchen und der Fuchs nutzen sie die Dunkelheit zum Äsen. Von überall hören die Freunde Tierstimmen. Jonathan entgeht mit seinen langen Ohren (X) kein Laut.

„Pssst!“, macht der Hase und stellt sich auf die Hinterläufe. Durch seine seitlich am Kopf sitzenden Augen, kann er alle Bewegungen in seiner Umgebung wahrnehmen. Dadurch entdeckt er den herannahenden Feind schon von Weitem. Ein dunkler Schatten taucht lautlos hinter ihnen auf und nähert sich.

Eine Eule.

Jonathan stößt einen hohen Schrei aus und ruft: „Achtung Ben, Gefahr!“

(X) Ohren = Löffel

Dann springt er unvermittelt mit riesengroßen Sätzen davon. Als ihm die Eule zu nahe kommt, schlägt er einen Haken. Auf diese Weise gewinnt er wieder einen Vorsprung.

Ben macht es ihm nach. Auch er ändert im vollen Lauf unvermittelt rechtwinklig die Richtung.

Mit weiten Sprüngen überquert Jonathan ein Feld, schwimmt durch einen kleinen Bach und drückt sich augenblicklich in eine Sasse (X). Sein Herz pocht. Er hofft, von der Eule übersehen zu werden. Nur wenn sie ihn wieder entdeckt, will er im letzten Moment aufspringen und davonrennen.

Ben hastet und schwimmt natürlich hinterher, und das so schnell er kann.

 (X) Sasse=Bodenmulde/Lager

Noch im Laufen stutzt er, als er seinen Freund in der Sasse liegen sieht. Nein, so mutig ist er nun doch nicht, um sich auch in eine Bodenmulde zu legen. Obwohl er am Ende seiner Kräfte ist, läuft Ben weiter. Verzweiflung schnürt ihm die Luft ab. „Was soll ich nur tun?“, denkt er. Sein Herz hämmert. Er hat Angst.

Dringend sucht er einen Unterschlupf, um dem Greifvogel zu entgehen, der zum Überraschungsangriff ansetzt. Die Eule will die Schrecksekunde nutzen, um das Kaninchen mit ihren Krallen zu ergreifen.

In diesem Moment entdeckt Ben dorniges Gebüsch am Feldrand. Es ist wie ein Wunder. Vielleicht hat er Glück.

Was auch geschieht, er muss die Gelegenheit nutzen. Seine Pfoten schwitzen vor Angst. Die Dunkelheit umhüllt ihn. Ben glaubt schon, dass er den nächsten Augenblick nicht mehr überleben wird. Blitzschnell springt er mit letzter Kraft in den dornigen Busch. Dann hört das Kaninchen nur noch ein leises Flügelschlagen der Eule, als sie den jähen Anflug abbremst und im letzten Augenblick ganz dicht über das Gebüsch hinwegfliegt.

Ben hat es geschafft. Der dornige Busch schützt ihn. Erst jetzt spürt er die tiefen, schmerzenden Risse in seinem Fell. Ben fühlt sich schrecklich elend und mitgenommen. Aber Hauptsache, er ist gerettet.

Suchend blickt er sich um. Da entdeckt er Jonathan. Gott sei Dank! Auch der Hase ist lebend davongekommen. Wortlos hocken die beiden Freunde eine Zeit lang auf dem Feld. Dann rutscht Ben unruhig hin und her. Er lacht verlegen und stottert ein paar unverständliche Worte. Er mag es nicht so direkt sagen, aber er möchte wieder nach Hause.

„Du weißt, dass wir bis morgen warten müssen. Aber dann bist du wieder bei deinen Eltern“, sagt der Hase tröstend. „Jetzt ist es besser“, spricht er weiter, „wenn wir uns ein Versteck für den Tag suchen. Kannst du deine Schmerzen noch aushalten?“ Ben schluckt schwer. „Ich bin dankbar“, sagt er, „dass wir beide den Angriff überlebt haben. Die Schmerzen spüre ich gar nicht mehr." Er ist sehr froh und stolz darüber, einen Freund an seiner Seite zu wissen. Dann schweigt er. Der Hase schweigt auch.

Schon bald finden sie einen Unterschlupf, wo sie den ganzen Tag lang ungestört schlafen und sich von den Anstrengungen der Nacht erholen können. Alles verläuft ohne Zwischenfall.

Jonathan ist jetzt überzeugt, dass ihr Abenteuer ein gutes Ende nehmen wird. Frisch ausgeruht wachen sie in der Abenddämmerung wieder auf.

„Was schaust du so bedrückt?", fragt der große Hase. „Ich fürchte mich noch immer!", entgegnet Ben.

„Das brauchst du nicht. Ich denke es ist besser, wenn wir uns sofort auf den Weg machen“, schlägt Jonathan vor.

Der Hase atmet tief durch. Es waren noch keine drei Tage vergangen und schon hat er sich an die Gesellschaft des Kaninchens gewöhnt. Sollte nun alles bald vorbei sein? „Schade, dass wir uns bald trennen müssen“, sagt Jonathan traurig.

„Was!“, ruft Ben entsetzt. „Wofür hältst du mich eigentlich? Ich lasse dich doch nicht allein. Du kannst mit uns in unserem unterirdischen Bau wohnen.“

Der Hase hört ihm schweigend zu. „Willst du das wirklich? Und was sagen deine Eltern dazu?“, fragt er.

„Natürlich möchte ich das“, sagt das

Kaninchen. „Du kommst mit mir nach Hause. Ich nehme dich mit.“

Ben schnuppert die feuchte Luft, die aus dem Unterholz aufsteigt. Er kratzt sich hinter seinem Ohr. Der Hase spitzt die Ohren, um jedes Geräusch wahrzunehmen. Die Stille wird durch lautes Geschrei schimpfender Vögel gestört.

„Der Fuchs muss hier in der Nähe sein“, flüstert der Hase. „Mit ihrem lauten Gezeter warnen die Vögel die anderen Tiere vor dem Raubtier. Der Fuchs ärgert sich schrecklich darüber, aber er kann es nicht verhindern.“

Jonathan und Ben haben also den richtigen Weg genommen und den Fuchs gefunden. Jetzt kann Bens Zuhause nicht mehr weit sein.

In diesem Augenblick entdeckt das kleine Kaninchen den Gemeinschafts-bau. Hier lebt seine Familie mit den Verwandten. Ben läuft nach vorne und bückt sich. „Warte hier auf mich. Ich bin in ein paar Minuten wieder zurück“, flüstert er dem Hasen aufgeregt zu.

„So ein Glück, dass du wieder da bist!“, rufen die Geschwister, als sie Ben sehen.

„Endlich bist du wieder zurück!“, wird das kleine Kaninchen von seinen Eltern empfangen. „Wir dachten schon, dass du gar nicht mehr nach Hause kommen wirst“, sagen sie sichtbar froh und erleichtert.

Verrückt vor Freude springt Ben wie wild durch den Bau.

Die Kaninchenmutter lacht, weil Ben so glücklich aussieht. Gleich will er auch seinen Freund in den Gemeinschaftsbau holen.

Währenddessen sieht sich der Hase ratlos um. Plötzlich spürt er, dass die Augen der Kanincheneltern auf ihn gerichtet sind. Sie lächeln ihn an und winken ihm zu. Doch Jonathan kann seine Enttäuschung nicht verbergen. Leider wird er hier nicht bleiben können. Schon mit einem Blick hat er festgestellt, dass er zu groß für den unterirdischen Kaninchenbau ist.

„Trotzdem“, denkt er, „einen Versuch ist es Wert“ und schiebt erwartungsvoll den Kopf in den Eingang des Baus. Aber jetzt ist es eindeutig, er wird nie mit seinem Freund durch die Gänge des Baus kriechen können. „Begreifst du das, Ben? Ich bin einfach zu groß für dein Zuhause!“

Während er auf die Antwort seines Freundes wartet, blickt er in die Dunkelheit. Das kleine Kaninchen seufzt und nickt. „Wie können wir bloß das Problem lösen? Ich muss nachdenken“, sagt Ben.

Plötzlich ist für Jonathan alles klar. Natürlich! Er will so wie früher leben, ohne Bau und ohne Nest, einfach frei. Trotzdem möchte er seinen Freund nicht verlieren. Jonathan merkt, wie das Kaninchen angestrengt überlegt. „Lass uns Freunde bleiben“, bittet Ben.

„Warum denn nicht?“, erwidert der

Hase und wiegt den Kopf. „Schwierigkeiten sind dazu da, dass man sie überwindet. Wir können uns doch jede Woche einmal treffen.“

„Das ist die Lösung!“, freut sich das Kaninchen.

Am nächsten Tag verabschieden sich die Freunde. Beide sind traurig. Aber von nun an sehen sich Ben und Jonathan fast jede Woche. Gemeinsam wird ihnen die Zeit niemals lang. Und für den Hasen steht schon bald fest: Das Leben gefällt mir besser, wenn jemand da ist, der auf mich wartet.